Un Poème pour Un Jour

Sandrine Adso

Un Poème pour Un Jour

L'instantanéité de nos pensées l'un pour l'autre est un miracle. Elle nous fait vivre l'euphorie. Alors je peux t'aimer en toute écriture et poétiquement t'en faire le don.

FSC
www.fsc.org
MIXTE
Papier issu
de sources
responsables
Paper from
responsible sources
FSC® C105338

Partage les souvenirs
À la fleur du rire,
Au moins juste ton sourire.
Dans ton regard incandescent
Brille l'avenir de tous les enfants.

Un enfant qui lit
Souvent, un livre de féérie
Un livre dont la seule fée est lui.
Un livre qui donne des ailes
Et qui souvent se rebelle
Contre les autodafés.
Un livre qui naît
Ne doit pas mourir
Espérer un avenir.

Peut-on dire qu'un livre est sacré
Quelle est sa vérité ?

Quelques pages
Qui racontent un visage,
Quelques visages
Qui racontent une page.

Te souviens-tu quand tu courais
Fleur parmi les fleurs dans la forêt ?
Et pourtant, le vent soufflait.

Je me souviens de ce visage
Qui souriait sous l'orage
Je me souviens de ce regard
Où respirait ta nouvelle histoire.
Elle semblait bleue
Elle chantait pour les amoureux,
Elle pleurait pour les mendiants
Et tremblait comme l'enfant.

Et des larmes si claires
Pour exaucer l'hiver
Pour approcher l'été,
Pour laisser les fleurs danser
Des tournesols à la fureur des soleils
Des lumières à la lueur de la vermeille
Qui se déplacent lentement
Sans peur, dans un éclair, dans un vent :
Une lueur dans la nuit
Un scintillement au bord de l'infini.

Et tu es là,
Toi :
Ton visage
Ton corps
Ton présage
De nos deux cœurs mêlés.

Je t'aime plus que l'éternité
Tu es ma vie réenchantée,
Tu es la pluie
Douce et chaude d'un paradis
Où dansent ensemble
Les démons et les anges
Réconciliés devant le paysage
D'une éternité qui commence sur ton visage,
Parce qu'il sourit,
Même s'il tremble
Parce qu'il dit : "oui".

Alors à mon tour je dis : "oui"
Et nous nous aimons
Plus loin encore que l'horizon.

Je te salue,
Tu me salues,
Tes yeux me lisent
Et je vois des couleurs exquises.

Cette lumière dans tes yeux
Me calme et pose ses feux,
Sur le parchemin délicat,
Où tu poses tes doigts
Et les lettres s'animent selon les traits rimbaldiens,

Alors, dans le matin

Se posent les couleurs
Qui ont touché, le velours de ton cœur.

À l'ami lecteur
Merci d'apporter ce bonheur
D'exister en même temps que toi.

Tu es peut-être cette première fois
Où tu vois les mots danser
Sur la délicatesse feutrée
D'une plume attendrie
Devant ton sourire si proche de l'infini.

De planer, de s'envoler dans un délire
Où tu souris et tu chantes
Parfois comme un écho qui vient de l'avenir.
La joie est encore plus forte, lorsqu'elle est consciente.

J'écris pour voir vos sourires d'amour
J'écris pour saluer le jour
Qui apparaît majestueux
Pour eux, toi, moi, nous deux.
Alors ensemble, nous écrivons dans les cieux
Les oiseaux fous de gloire qui traversent le ciel
Et qui s'arrêtent pour déposer leurs ailes,
Quelquefois sur un roc parmi la mer
Quelque fois sur la paume de ta main princière.

Alors j'écris dans le creux de ta main
Des lignes et des mots qui se caressent chacun.

Je grave une étoile dans ton cœur
Je grave un sourire pour ton bonheur.
Ce sourire a le goût salé
Des pleurs de la fée
Ivre de t'avoir trop aimé
Fragile de t'attendre depuis toujours.

Alors, je prends ma plume et je parle de son amour.
La joie d'écrire
D'une fée, l'avenir
La joie de chanter sans avoir peur de mourir,

Parce que la mort est stupide
Elle se meurt elle-même dans le vide.
Alors, la plume plonge dans le néant
Sans résister plus longtemps,
Et toute cette encre qui se déverse
Avec la pluie d'averses, converse
Elles se parlent de mystères et de vents.
Elles font vibrer le cœur des amants
Et de toi à moi, si j'aime écrire
C'est juste pour t'envoyer un sourire.

Tinte devant les fées et leur insolence,
Un tel son monte au sommet des arbres
Et frôle les colonnes de marbre.

Elles s'effritent
Tandis que le lutin s'agite
Pour faire rire les fous
Et les feux-follets
Dont la statue reste, regard debout.

Regard troublant, pénétrant
Quelquefois insolent,
Toujours vaillant,
Il tintinne avec le rire des fées
Il carillonne avec les lutins de la forêt.

Une forêt, où le silence n'existe pas
Une forêt, où il fait bon jouer parfois
Jouer parmi les floraisons
Et y poser quelques chansons.

Alors, parfois le silence attend
Et la forêt se fait enchantée lentement,
C'est le moment des rayons divins
Qui traversent la nuit vers le matin.

Et soudainement l'amour jaillit
Parmi les créatures et les créateurs,
C'est la vie qui donne ses droits à la vie.
C'est le moment de la première heure.

Si tu voulais

Être un roi,
Continuerais-tu à m'aimer ?
Si tu vener faire un pas
Irais-tu jusqu'à mes côtés ?
Si tu voulais être aimé
Accepterais-tu mon printemps, mon été ?

Si tu voulais me laisser t'aimer
Accepterais-tu un simple baiser ?

Si tu voulais vivre encore
Que dirais-tu à la mort,
Lorsqu'elle se présentera devant toi ?
Fera-t'elle face à Hébé
Brillerait-elle du triste éclat
De la fleur qui se garde se faner?

Alors, va ! Va chercher le miroir
Où la jeunesse ne dispraît ni le matin, ni le soir.
Un miroir qui apparaît,
Puis disparaît,
Un miroir qui chante, puis se tait
Où l'alternative est le plus grand chemin de la liberté.

Si tu voulais, avec moi, traverser le miroir
Me prendrais-tu la main vers le soir ?
Pour passer derrière, du côté du monde bleu
Un monde où le ciel sourit et pleut
Un monde où si tu voulais
Nous serions nus
Face aux chagrins et aux frissons de l'été.

Cette année a pris tout son temps
Le temps d'être vert et blanc
Parmi l'herbe et les fleurs
Quelques oiseaux proposent le bonheur
Parce qu'ils montent haut dans la lumière
Et refusent une vie éphémère.

En ce printemps, la vie jaillit
Autour de nous, belle, telle la symphonie
Quasi silencieuse de l'aube dans le matin,
Et tu viens me caresser la main.

Alors ensemble, nous parcourons ces étranges clairières
Qui capturent la lumière ;
Et dont le souvenir intense
Propose l'éternelle danse
Même dans la nuit, où l'éclat reste parmi l'étoile,
L'étoile unique qui illumine le monde derrière le voile.
Lorsque l'Éternel tire le rideau du jour
Et distribue son amour
À toute la nature en fête d'un printemps
Qui se renouvelle tous les ans.

Alors, écoute cet oiseau
Te parler du dernier chant des héros
Qui ont vaincu l'hiver
Sans combat, sans prières.

Juste parce que c'est le temps
De notre printemps.

Je porterais ton prénom
Comme on porte un drapeau
Et je laisserais t'appeler la chanson
De la vie qui fleurit dans tous les regards
D'argile, de feu et de braise noire.

Et si j'étais un mot,
Serais-tu mon papier ?
Et si tu parlais aux oiseaux
Leur livrerais-tu le secret
De l'ancre bleue qui s'écoule sous les flots.

Il y a ce chant
Qui vient du vent et de la pluie
Il y a cet enfant
Que je regarde et qui me sourit
Puis… , ce mur
Qui sépare de mes murmures
La fontaine et l'ange
Qui t'appellent et mélangent
Les lettres de ton prénom.

Le sourire

Cet étrange sourire qui habite tes yeux
Cet étrange regard qui habite ton sourire
Me transporte vers des terres et d'autres cieux,
Me transporte vers les portes d'un nouvel avenir
Lumineux, secret et vertigineux.

Je respire un parfum d'océan
Je respire un chemin de vent,
Une brume, un souffle, des murmures
Des chevaux sauvages et des princesses en armure
Qui tel Athéna, se battent pour leur virginité.
Et qui offrent leurs descendances à leur esprit épousé.
En effet, la progéniture de la déesse se fait par l'esprit et non par le corps
Cependant la parthénos crée encore et encore,
Son esprit, sa sagesse, sa bravoure
Lui valait de son père, Zeus un très tendre amour.

Mais qui a vu le sourire des dieux ?
Quel humain a vu cette lumière monter des Enfers jusqu'aux cieux ?
Est-ce le poète qui chante, rit, pleure
Mais qui surtout écrit des phrases à la lueur
Des yeux de la déesse dorée ?

Est-ce l'humain qui dans ses rêves découvre la nonchalance divine ?
Est-ce le héros fougueux qui surprend l'inconnu
Découvrant les fusions célestes et marines ?
Puisque les dieux jouent avec les eaux et les nues.

Quel mortel n'a pas rêvé
De partager le secret, le baiser
D'Aphrodite dans sa sublime nudité ?

Le sourire est toujours merveilleux :
Il fait trembler l'âme
Grandir les yeux
Et y laisser sa flamme.

Laisse-moi être le sourire qui accompagne tes rêves,
Laisse-moi en être le premier, et devenir ton élève,
J'apprendrais à dessiner le soleil
Sur les yeux endormis,
Je t'apprendrais à croire aux merveilles
Riches de nuances sur les soupirs endormis.

Ont choisi le même chemin,
Aux rives du printemps, ce matin
Regarde, tu peux la voir aujourd'hui
Et si tu le souhaites, elle te parlera d'infini.

Et tu comprendras pourquoi la pluie
Est tant espérée par la terre
Comme l'est pour le ciel, la lumière.
Aujourd'hui, peut-être paraîtra l'arc-en-ciel
Et vers demain, fuseront ses couleurs irréelles
À fleur de mots,
Comme le disait Arthur Rimbaud
Avec ses voyelles colorées
Qui du A noir, à l'Oméga violet
"Parcourt les naissances latentes [...]
Dans la colère ou les ivresses pénitentes [...]
Jusqu'à ce que l'alchimie imprime aux grands fronts studieux [...]
O l'Oméga, rayon violet de ses yeux"[1] ;

Et toutes ces nuances de lumière
Montent au firmament, sans colère
Sur le lierre
Qui fleurit la maison du poète

---

[1] Michel Trépanier, Claude *Vaillancourt*, Après les révolutions, le réalisme et le symbolisme, Études vivaces, 2000, 82 p., p55.

Et c'est là que demain s'arrête
Pour capturer l'instant,
Le seul moment où le vent
Traverse les brumes infinies du temps.

Aujourd'hui et demain sont les deux fragments
Du seul moment
Où l'espoir cueille la fleur du crépuscule
Qui sépare les deux instants qui se bousculent.

C'est le moment des fauves
Des rendez-vous et des lueurs mauves.
Aujourd'hui et demain
Sont les deux moments où tu viens,
Alors, pour toujours,
Je pose la main, sur la porte d'amour.

J'ai traversé des océans depuis mes nuits bleues
Pour te retrouver toi, l'amie
Il y a eu du vent et du feu
Mais la spirale du temps a réussi
À remonter jusqu'à toi
Et cela est source de joie.

Savoir que maintenant je peux te parler
Comme au doux passé
De ces années où ensemble nous avons grandi, étudié.
Toi, musicienne, toujours surprise devant la neige,
J'ai partagé tes découvertes, les fêtes et les écueils
Ensemble nous avons brisé les sortilèges
Et tout cela est devenu recueils.

L'amitié ne meurt jamais
Et le temps qui n'a rien effacé
Nous réuni vers de nouveaux soleils
La chaleur de ta voix, de tes mots m'émerveille.

C'est une joie, une chance de t'avoir retrouvée
Que le soleil de nos cœurs continue à s'aimer
Que ta vie devienne la féérie enchantée
Que tu m'offrais, chaque fois que je te voyais :
Du soleil, des rires et de la musique
Pour une amitié forte et unique.

Le tourbillon du matin a encore tourné auprès des oiseaux,
Dans un nuage de feu,
Dans un instant solennel qui s'élève plus haut
Que les nuits, que les jours bleus.

Et la simplicité te dit : *"trempe ta plume dans le vent,
Alors tu retrouveras le premier temps"*.
Le temps du tourbillon,
De la magie dans un frisson
Qui cherche l'œil du cyclone
Qui endort les clones
De certains soleils d'été.
Alors paraît l'espoir et son éclair fuselé
Qui tel, un cheval dessine la liberté.

Je suis peut-être ce que tu es
Une fleur de l'humanité
Une femme *"isha"* du trésor
De ta côte d'or.

Je suis née dans le tourbillon de la genèse du monde,
Je suis née dans une lumière blonde
Qui disperse ici et là des éclairs doux et violents.
Merci d'être ma première nuit : le plus bel instant.

La chance

La chance d'être aimée par le premier soleil d'été
Réunit en moi les désordres et la fragilité :
C'est la liberté du poète,
L'ultime conquête.

Cette lumière qui vient du ciel
Traduit l'image, la beauté, ton essentiel
Et je n'ai plus peur des vents de l'hiver
Et le printemps vient recouvrir la terre,
Accompagné de ses premiers mystères
Pour t'apprendre le geste de la lumière.

La chance de pouvoir et de vouloir
S'attarder auprès des jasmins quand tombe le soir,
Alors vient le moment magique du regard :
Tes prunelles comme un fruit désiré
Si beau que l'on n'en comprend pas la réalité.

Là est le mystère,
Toute cette lumière
Qui chante sur ton chemin
Lorsque tu viens pour me prendre la main.

Le don

Je te donne chaque jour le respect
Et je vois cette dignité
Humaine, s'engorger en toi
Comme un cadeau, une première fois.

Merci à la vie de m'avoir laissée
La plume au bord du cœur,
Pour te proposer une certaine idée du bonheur,
Le don de toi
Est tout ce que je cherche du bout des doigts.

Je te dessine dans mes rêves, et mes pensées
Comme la seule réalité espérée.

Avec toi, viennent les murmures
De l'écriture,
Pour libérer l'homme injustement condamné :
Tel Julien Assange, homme aimé
Par bien des femmes, qui ont toujours cherché à le sauver.

Le pouvoir des mots,
La force de l'amour.
L'instant où il fait beau,
Le lever du jour.

Laisse-moi te donner un à un, mes printemps
Et demander aux vents
De parsemer sur les chemins
L'étrange éclat de chaque nouveau matin.

Le don de la lumière
Provient-il du soleil, uniquement ?
Le monde a été agencé de telle manière
Que la vie est là, ici et maintenant…

La fusion

La fusion de nos deux cheminements se fait à l'endroit de la fontaine
Là où l'eau se fait précieuse et bonne
À l'endroit où se tait la haine
À l'endroit où ma main donne
Tout l'espoir que je porte pour toi,
Oui, regarde là
Ne la vois-tu pas ?

Cette fontaine qui répond
À chacune de tes questions,
Toi qui veux savoir
La couleur de l'espoir,
Comprends qu'il est partout
Au sommet de chaque miroir
Là où le reflet se fait doux.

Le miroir de la fontaine est docile
Comme une immense baie tranquille,
Le miroir de la fontaine est très vieux
Plus ancien que le temps,
Il porte en lui, tous les reflets merveilleux
De la vie et de tous ces instants
Où la main de la fée
A tremblé sur le tain ombragé
Et glissé quelques promesses d'avenir
Nous sommes même parvenus à l'entendre rire.

Tu es l'ami qui me chante dès le matin,
Tu es la fusion d'aujourd'hui et de demain.

Une vie qui commence au bord de tes sourires
Et qui s'envole comme l'oiseau de nos soupirs,
Une vie qui continue ponctuée par tes rires
Allume quelquefois en moi, un immense désir…
De toi.

Une vie de toi
De caresses, de ce temps donné
Et jamais repris.
Parce que tu es mon infini,
Mon toujours et ma vérité.

Rejoins-moi au bord du ruisseau
Qui contemple les rives de la poésie,
Là où Calliope a transcrit son premier mot :
Amour.
Là où Aphrodite a aimé son premier mortel :
Anchise, père d'Énée qu'il eut avec la déesse d'amour
Dans un instant de volupté irréelle.

Alors qu'il gardait ses troupeaux de moutons sur le mont Ida,
La déesse Aphrodite, pour lui, de l'amour connut l'émoi.
Pour parvenir à ses fins, Aphrodite lui fit croire
Qu'elle était une mortelle…
Si belle à voir,
Il ne lui résista.

Elle ne révéla sa véritable identité
Qu'après son union avec le jeune berger.

Elle lui annonça qu'elle lui donnerait un fils, élevé par les nymphes dévouées
Jusqu'à l'âge de cinq ans
Âge auquel, elle le remettrait entre ses mains
Anchise et Aphrodite ont Énée pour enfant.
La déesse lui fit prêter serment :
Ne jamais rien révéler de "*ce*" moment divin.

Mais un jour qu'Anchise est ivre, il oublia la parole donnée
Et se vanta de cette union consommée.
Zeus pour le punir, le frappa d'un éclair meurtrier
Mais Aphrodite de lui, l'a détourné :
La foudre ne fit que l'effleurer
Et le rendit boiteux.

Le berger devenu père est ainsi épargné
Et sera sauvé de l'incendie de la ville de Troie
Sur les épaules de son fils Énée.
Et le père était roi.

Le récit d'Aphrodite et Énée
Met en scène, une fois de plus un berger.

La mythologie grecque évoque onze bergers :
Ganymède, Apollon,
Endymion
Battos,
Molorchos,
Prosymnos,
Staphylos,
Pan, Daphnis
Polyphème, Pâris.

Ces bergers sont des dieux[2]
Des demis-dieux[3],
Un échanson des dieux[4],
Un vieux pasteur au service de Nélée[5],
Un berger divinisé[6],
Un berger qui offre l'hospitalité[7]
Un berger-guide de Dyonisos, fils de Zeus et de la mortelle Séléné[8]
Un roi ou un berger[9]
Un dieu de l'Arcadie, jouant de la flûte enchantée[10]

---

[2] Apollon.
[3] Staphylos.
[4] Ganymède.
[5] Battos (Pylos).
[6] Daphnis.
[7] Molorchos.
[8] Prosymnos.
[9] Endymion.
[10] Pan.

Un prince troyen d'une grande beauté[11]
Un cyclope redouté[12].

Tous étaient bergers,
Souvent sur le mont Ida
Habité par les nymphes et les déesses ici et là.

Tu es toi-même ce berger un peu poète, un peu roi,
Tu es tous les mots que j'aime entendre dans la nuit
Tous les murmures appris sous la lune endormie,
Et je te vois danser dans des voiles de toutes couleurs
Joignant dans tes deux mains en forme de coupe, nos instants de bonheur,
Je me surprends parfois à chanter pour toi
Surtout à t'écrire quand tu n'es pas à côté de moi,
Pourtant, je te sens bien : tu es là.

Tu es là dans ma lumière,
Dans mes prières
Et je caresse ton visage du bout des doigts,
Et je t'embrasse et je t'aime, tu es mon plus doux rêve,
Tu es mon roi, le signal de la montée de la sève.

Tu deviens le chant des arbres, les soupirs des fleurs
Du début des temps jusqu'à ce jour de bonheur,
Tu te promènes sur les terrasses des plus beaux palais
Et tout t'obéit, le monde entier :
Les plantes, les astres, les animaux et tous ceux qui ne font que t'aimer.

Combien de femmes rêvent de toi, chaque nuit ?
Mon songe de toi, est un sourire, sans question juste l'infini
De toi. Je te vis dans mon sommeil
Et c'est ta lumière qui me réveille,
J'ignorais que tu commandais aussi à l'aurore,
Tu es si beau et tu deviens de plus en plus fort,
Alors tu peux m'emmener sur les chemins d'or.

____

[11] Pâris.
[12] Polyphème.

La licorne t'a choisi

Elle te regarde en permanence
Dans sa joie, dans son silence ;
Elle te protège des angoisses de l'infini
Parce que tu conçois le feu, et que tu l'unis
À l'eau douce de la fontaine éclairée dans le soleil
Sans le savoir, toute ta vie tu crées des merveilles
C'est pourquoi la licorne t'a choisi comme Seigneur de l'Amour.

Lentement, tu parles au jour
Et tu déclames dans le vent, ta joie
Que connaissent tous les amants de la première fois :
Tu es l'incipit de tous mes poèmes
Uniquement pour toi, je dis "je t'aime".

Et la licorne t'a vu,
Sans ta couronne, dans ton corps nu,
Et elle a pleuré
Devant tant de beauté…
Il faut dire que j'avais posé autour de toi des guirlandes de fleur
Chacune d'entre elles, pour une couleur.

Alors ton visage s'est allumé d'un arc-en-ciel
Et tu deviens tout cet univers de désir et de plaisir
Innocent, parmi toutes les bénédictions bien réelles
Que les sages ont choisies pour notre avenir.

La licorne t'a choisi
Toi, homme parmi tous les hommes de la vie.
Parce que tu connais les mélodies des étoiles
Parce que tu dénudes l'innocence voile par voile
Pour atteindre le summum
De ce que peut atteindre l'homme.

Le cortège qui te suit est sublime et étrange
Dans tes mains vont boire les anges,
Dans tes mains se couchent les cavalcades des fées.
Avec toi, tout peut s'oublier...
Et redevenir vrai.

Tu détaches le poison
Tu poses le frisson,
De la vie,
Et je t'en remercie,
Aussi saurais-je pourquoi la licorne t'a choisi ?

Mystère, parmi les mystères
Tes enfants sont d'une lignée royale, princière
Et tu fais de ton palais,
Le premier tabernacle de l'arche d'alliance sacrée.

Parmi tous les hommes tu es béni,
Et la licorne t'a choisi
Pour ton sourire
Pour tes promesses d'avenir :
Je t'écrirai toute ma vie.

Je ne te vois pas
Mais, je te sais
Et c'est le plus important, ne crois-tu pas ?
Je devine ton chemin
Et je vais à ta venue dans le matin :
Il fait bon, c'est le printemps extraordinaire
Qui tient ses promesses et qui se réitère.

Je marche vers toi,
Le pas léger, engourdie et vive de cet amour qui murmure tout bas,
Des mots d'amour,
Des mots de toi, de moi
Qui ont soif de la nuit et du jour,
De ta bouche et de ton corps…
Sur lequel je fais des rêves d'or :
Oui, tu es là tel un soleil
Comme s'offrent les merveilles
Avec pudeur, avec timidité
Je t'admire en volupté et en respect,
Tu es là
Comme un roi.

Laisse-moi te regarder
Pour trouver en toi
Le seul être qui sait chanter
Avec les oiseaux de là-bas.
Les oiseaux de ce pays inconnu
Où les hommes et les femmes vivent nus
Et fusionnent dans l'amour édénique,
Où le serpent n'a pas trouvé sa place !

Notre amour mythologique
Laissera de nous des traces :
De joies et de tendresses dont les songes
Sont aussi puissants que l'océan, lorsqu'il longe
Ces falaises en rafale
Ces moments où le rêve devient boréal.

Alors, tu viens vers moi
Et j'ai peur que les heures s'échappent, que Chronos perde sa faux.
Première génération des dieux
Face à la première génération des rois
Première génération des héros
Toi seul, a des larmes de cristal dans les yeux.

Tu es toutes les nuits que je désire
Et je suis heureuse de voir et d'entendre le cristal
Qui s'écoule de tes yeux et s'échappe de ta gorge :
Tu es la larme, tu es le rire.

J'entends, je vois et je rêve d'un cheval
Qui m'éloignera de la forge
Du dieu, qui crée les armes et les empires.

Tes larmes et ton rire
Caressent mon âme dans un sourire.

Tu es bien, le visage plein de lumière
Dont j'ai rêvé la nuit dernière.
Et j'ai bien vu, les larmes sur ton visage,
Et j'ai bien entendu le rire qui livre passage
Aux anges de l'amour.
Tes larmes et ton rire sont le Glamour
Qui fait chanter et pleurer la frêle lumière du jour.

Tes larmes sont une source de jouvence
Ton rire est un charme d'innocence ;
Et je voyage de ta bouche à tes yeux
Je découvre des plages sans fin au sable bleu
Et ensemble, nous allons derrière la crique sur le chemin bleu
Où vont se cacher les premiers amants
Qui savent où trouver les vents
Ces vents doux, chauds parfumés de jasmin
Offerts seuls aux amants heureux jusqu'au nouveau jour, jusqu'au matin.

Tes larmes dans ma bouche, tels l'étoile dans un écrin
Sont pour moi, la rivière de ton âme,
Tes larmes dans ma bouche, sont mes premiers bonheurs de femmes.

Et ton rire, il me surprend comme le chant de la colombe et du cygne[13]
Il court comme une folle vigne,
Qui m'enivre de son timbre qui s'élève haut vers les cimes
Les monts où je t'attends et où le temps m'abime.

Alors je cherche une médecine à cet amour fou
Mais rien ne m'éloigne de ce clair-obscur flou,
Dont tu es le héros.
Le seul homme que je trouve beau,
Et avec qui je me sens femme
Je n'ai pas peur de te donner mon âme.

---

[13] La colombe restera pour toujours le symbole de l'Amour romantique. Le cygne, oiseau préféré de Vénus, déesse de l'amour, est le plus noble. Le mâle reste fidèle à la même femelle toute sa vie et s'occupe même des petits.

Je sais que tu l'entoureras de velours
Dont la seule couleur entre nous est l'amour.

Avec ton rire je récolte les étoiles qui sont les chefs d'œuvre de ton cœur,
Chacun de ces cristaux montent comme un moment vainqueur :
Tu es mon champion[14],
Et lorsque je plonge dans tes yeux,
Je plonge dans l'horizon
Et je découvre les merveilles appartenant au secret des dieux,
Tu es initié à la divinité, car tu es roi.
Tout simplement, toi.

---

[14] Au sens de l'amour courtois.

Ce sourire

Ce sourire qui éblouit tout ton visage
Autorise le passage
De ma vie,
À ta vie,
Parce qu'il en est ainsi
De deux êtres épris l'un de l'autre.

Ton sourire devient le notre
Ton sourire pose de l'or dans la lumière
Et rien n'est plus précieux que cet éclair
Et si je garde en mémoire permanente son souvenir
C'est parce qu'il est un heureux désir.

Je l'attends chaque nuit
Dans des rêves où s'enfouit
La peur puis l'oubli.

Tu es le seul soleil avec qui j'ai envie de m'enfuir
De voguer vers l'espace soudain du rire.

Tu es beau comme l'horizon du plaisir,
Tu es le fruit
Qui n'est plus interdit.

Je vois ton visage à chaque instant où je respire
Et je découvre dans la joie l'harmonie.

Alors la sérénité monte jusqu'à mes yeux
Et si je verse une larme, c'est pour éteindre les feux
Que tu crains tellement
Et qui finalement
Se mettent à danser
Car notre amour les a apprivoiser.

Quand tu t'en vas

Tu saisis avec toi une part de moi-même
Qui renaît dans la nuit.
Et les étoiles sèment
Des parfums aux couleurs infinies.

Quand tu t'en vas
Je t'attends à nouveau,
Et rien ne remplace le moment où tu es là
Et où tu te fais héros.

Tes armes sont partout,
Quelquefois tu es si doux,
Que l'océan entier s'arrête devant tes genoux,
Devant la prière du soleil éclaté dans le vent
Le chemin parcouru par l'enfant.

Le feu qui hésite dans la tranquillité de ton regard
S'enflamme à chacun de tes départs,
L'incendie du temps qui nous unit ou nous sépare
N'atteint pourtant pas le petit arbre du jardin.
Il reste debout et presque sauvage
Encore dans le matin
Et son ombre dessine sur ton visage
Les nuances de l'abricotier d'argent
Qui voyage de la Chine jusqu'à l'occident.

Les ombres sont mouvantes
Et toutes éprouvantes :
Elles interrogent ton esprit
Elles attendent l'accalmie
De ce vent, qui depuis le lointain rugit…

Quand tu t'en vas les fauves se posent devant ma porte,
Quand tu t'en vas l'attente choisit l'escorte
Un peu bleu
Des pays mystérieux
Que ton regard a perçu dans le chant semi-nocturne de la chouette
Le pays infini de la sensation parfaite
De tout ton corps
Qui laisse ici et là des traces d'or.

Et dans tous ces soleils, je te vois déjà revenir
Alors j'accepte de te laisser partir
Car je sais que tel l'écho tu reviendras
Riche de ces vertus qui n'appartiennent qu'à toi.

Le monde ordinaire

Le monde ordinaire s'écoule simple et sans couleur
Méprisant la rose à l'encontre de toutes les autres fleurs.
Le monde ordinaire oublit les horizons,
Les océans et les premières chansons.

Là où l'horizon jaillit,
Dans ce monde sans vie
Se pose la question
De la couleur liminale à la frontière
Du ciel et de la terre.

Au départ, il y a un seul élément,
L'eau primordiale, douce et bisexuée en même temps.
Dans cette eau se manifeste la dualité complémentaire
Okéanos, élément masculin,
Et Téthys, élément féminin.
Fréres et sœurs, puis époux ils finiront par se faire la guerre.

Le paralléle qui s'impose est celui du début de l'Enuma Elish[15],
Représenté sur les bouliches :
Les deux divinités primordiales sont Apsû, élément masculin,
Lié à l'eau douce,
Et Tiamat, élément féminin,
Représentant l'eau salée.

---

[15] Poème babylonien racontant la naissance du monde.

Étrangement, l'élément masculin est lié à l'eau douce
Et l'élément féminin à l'eau salée[16].

Les auteurs pré-hésiodiques loin de ranger Océan et Téthys
Parmi les titans, du début du monde seigneurs et/de justice
Plaçaient le couple à l'origine de toutes les autres divinités,
Y compris les protogones traditionnels[17].
Des titans, Téthys est la benjamine, Océan l'aîné.
Pourtant, ni elle ni lui, ne se joignent à la grande querelle[18].
Ils continuent à régner sur leur vaste territoire.

Durant cette guerre, Rhéa confie sa fille Héra au couple notoire.
Plus tard ce dernier s'étant querellé
Héra tente de le réconcilier[19].

Téthys, sœur et épouse d'Océan
Personnifie la fécondité marine.

---

[16] De part les connotations, on aurait pu croire l'inverse.
[17] Comme Ouranos, Gaïa ou Nyx.
[18] La titanomachie.
[19] « Car je vais voir, aux extrémités de la terre, l'Océan, origine des dieux, et leur mère Téthys (...). Je vais les voir, et mettre fin à leurs querelles interminables. Depuis longtemps déjà, ils sont séparés l'un de l'autre -plus de lit commun, plus d'amour- parce que la colère a envahi leur âme ».

Poséidon et sa femme Amphitrite succèdent à Téthys et à Océan
Comme maîtres des eaux gréco-latines[20].

Poséidon est le fils de Cronos et de Rhéa
Et le frère de Zeus, Hadès, Déméter, Héra et Hestia.

Selon Hésiode, il est l'aîné de Zeus, dévoré à la naissance
Par Cronos en même temps que ses frères et sœurs.

Une tradition minoritaire[21], reçue avec bonheur
Dit que Rhéa parvient à dissimuler sa naissance

---

[20] « Téthys donna à l'Océan des Fleuves au cours sinueux, le Nil, l'Alphée, l'Éridan aux gouffres profonds, le Strymon, le Méandre, l'Ister aux belles eaux, le Phase, le Rhésus, l'Achéloüs aux flots argentés, le Nessus, le Rhodius, l'Haliacmon, l'Heptapore, le Granique, l'Esépus, le divin Simoïs, le Pénée, l'Hermus, le Caïque aux ondes gracieuses, le large Sangarius, le Ladon, le Parthénius, l'Événus, l'Ardesque, et le divin Scamandre. Téthys enfanta aussi la troupe sacrée de ces Nymphes qui, avec le roi Apollon et les Fleuves, élèvent sur la terre l'enfance des humains; c'est Zeus lui-même qui les chargea de cet emploi : Pitho, Admète, Ianthé, Électre, Doris, Prymno, Uranie semblable aux dieux, Hippo, Clymène, Rhodie, Callirhoé, Zeuxo, Clytie, Idye, Pasithoé, Plexaure, Galaxaure, l'aimable Dioné, Mélobosis, Thoé, la belle Polydore, Cercéis au doux caractère, Plouto aux grands yeux, Perséis, Ianire, Acaste, Zanthé, la gracieuse Pétréa, Ménestho, Europe, Métis, Eurynone, Télestho au voile de pourpre, Crisséis, Asia, la séduisante Calypso, Eudore, Tyché, Amphiro, Ocyroé, et Styx qui les surpasse toutes, telles sont les filles les plus âgées de l'Océan et de Téthys; il en existe beaucoup d'autres encore, car trois mille Océanides aux pieds charmants, dispersées de toutes parts, remplissent la terre et la profondeur des lacs, race illustre et divine! Autant ce Fleuves, nés de l'Océan et de la vénérable Téthys, roulent au loin leurs bruyantes ondes : il serait difficile à un mortel de rappeler tous leurs noms; les peuples qui habitent leurs rivages peuvent seuls les connaître ». Extrait de La *Théogonie*, Hésiode : (*Iliade*, ch. 14, v. 302).
[21] Rapportée par Diodore de Sicile.

À Cronos, et le confie secrètement à l'océanide Caphira[22].

[22] Dans la mythologie grecque, Caphira, Capheira ou Kapheira (en grec ancien Καφείρα / *Kapheíra*) est une Océanide rattachée à l'île de Rhodes. Elle n'est citée que par Diodore : elle est avec les Telchines une des premières divinités de Rhodes, chargée par Rhéa d'élever Poséidon. Cette version de l'enfance du dieu, qui ne se retrouve chez aucun autre auteur, semble calquée sur la jeunesse de Zeus en Crète. Il est possible que Caphira ait été une déesse des Nuages de tempête, car son nom signifie « souffle de la tempête ». Elle se confond peut-être avec Halia, autre divinité locale et sœur des Telchines.

L'Iliade en fait le frère cadet de Zeus, acceptant mal l'autorité de l'aîné
Ce qui explique qu'il tente un jour de concert avec Héra,
Athéna ou Apollon de l'emprisonner,
Ou bien à l'opposé, Hésiode fait en effet
Zeus le dernier de la fratrie,
Et donc Poséidon serait le plus âgé.

Poséidon participe avec ses frères et les autres dieux à la Titanomachie
Et c'est lui qui referme sur les Titans,
Les portes d'airin du Tartare.

Lors du partage du monde qui suit la défaite des géants,
Et des Olympiens la victoire,
Il reçoit la souveraineté sur les mers,
Tandis que Zeus règne sur le ciel
Et Hadès sur les Enfers.

Il a pour sceptre le trident
Et réside dans un palais d'or au fond de l'océan.
Il est également le dieu des tremblements de la terre qui ruisselle
Des manifestations de sa puissance.
Ce palais trouverait résidence
À Aigéai, près du golf de Corinthe, ou alors sur l'île d'Eubée.

Il se déplace sur son char tiré par deux chevaux attitrés
Que deux sabots de bronze recouvrent.
Sur son passage, les dauphins sautent de joie
Et la mer s'entrouvre.
Cavalcade des eaux et des chevaux à la fois.

Amphitrite est une néréide, fille de Doris et de Nérée
Épouse de Poséidon, une des divinités.

L'Odyssée la mentionne comme une divinité de la mer,
Maîtresse des monstres marins.

Hésiode, dans sa théogonie est le premier qui profère
Son union avec Poséidon
Dont naît le monstre triton.
Ce sera Neptune chez les latins.

Le dieu tombe amoureux alors qu'il voit danser
Amphitrite sur l'île de Naxos,
Mais celle-ci le fuit et va se réfugier
Auprès du titan Atlas, le féroce.

Poséidon emploie alors de nombreux serviteurs pour la retrouver.
L'un d'eux Delphinos, la retrouve et plaide si bien
La cause de son maître, qu'Amphitrite accepte de l'épouser.
Pour récompenser son messager,
Poséidon le transporte au ciel où il devient la constellation du dauphin.

Le monde ordinaire oublit aussi
Les premières chansons célébrant la vie.

Dès la préhistoire, les instruments de musique existent :
Ce sont pour la plupart des aérophones, qui jusqu'à aujourd'hui subsistent,
Faits dans des cornes, des dents ou des os d'animaux.

Les instruments les plus primitifs, autres que la voix
Serait la harpe, inventée par d'autres maestros
Après que l'on ait eu l'idée une certaine fois
De souffler dans un os creux ou un roseau[23].

La musique existe depuis les temps les plus reculés,
Et il est difficile de la dater.

Le rythme et la mélodie sont toujours présents dans la musique
Et il n'est pas simple de savoir lequel des deux
Est le plus antique.

Les mélodies des anciens traduisaient bien leur état heureux.
La danse est la musique des corps, lents ou endiablés
Selon le sentiment éprouvé.
Elle pouvait aussi exalter leurs sentiments religieux
Par des incantations destinées à agir sur les phénomènes inexplicables
Comme le vent, le tonnerre, la maladie.
Elles servaient également à rendre certains esprits louables
Et à apaiser les démons aussi.

---

[23] Par exemple, le plus ancien instrument de musique que l'on ait retrouvé est une flûte taillée dans un os de vautour daté de trois mille cinq cents ans environ.

Les peintures préhistoriques sont concentrées
Dans les endroits des grottes où l'écho est le plus fort[24]
Et ces hommes ont probablement chanté
Ou joué de la musique en direction des animaux et de leurs corps,
Par exemple on jouait du rhombe de bison
En direction de ce mammifère.
Ceci est un mystère.
La musique allait dans la direction
De cet animal dès son apparition.
De la flûte en radius de cygne en direction des oiseaux,
Du cor fait d'une corne d'auroch, de bouquetin, de renne
En direction de ces animaux
La musique allait devenir reine.

D'autres instruments de musique ont pu être confectionnés
Dans des matières périssables.

Certaines légendes vantent les vertus de la musique,
Tantôt maléfiques, tantôt bénéfiques.

Ainsi la légende d'Orphée,
Dont la femme Eurydice de sa seule beauté coupable
Fut mordue par un serpent
Le jour même de son mariage.
En voulant échapper à Aristée qui à son égard, se montrait violent
Et voulait être le premier à défaire son pucelage.

---

[24] Le choix des emplacements de figures a été fait en grande partie pour la valeur sonore de ces emplacements.

Orphée descend alors aux Enfers, et charme par la douceur de son chant
Les divinités infernales qui lui rendent son épouse pour quelques instants.

En Chine, pour certains sages,
La musique exprimait l'équilibre entre le ciel et la terre.

Le poète chinois Liù-Wei dans son œuvre poétique et son sillage
Raconte que selon une légende extraordinaire[25]
L'empereur chargea un maître de musique à la cour
D'une mission, certes difficile mais qui allait voir le jour :
Lui ramener le secret du chant des oiseaux
Qui vivaient dans une région reculée
Où les oiseaux chantaient
Comme nulle part ailleurs étonnamment dans un style très beau.

Le maître partit immédiatement
Et quand il revint des mois plus tard
Il avait avec lui douze flûtes qui correspondaient étrangement
Aux douze notes de la gamme chromatique,
Ce fut une mission magique.

---

[25] Deux mille cinq cents ans avant notre ère sous le règne de l'empereur Huángai.

Dès les temps anciens, la musique accompagnait toutes les cérémonies
Chanteurs, danseurs et instrumentistes participaient de façon notoire
Aux cultes célébrés aux forces de la nature
Plus tard ces cultes furent dédiés à Bouddha[26] et Confucius[27].
De leurs pensées nacquit beaucoup de philosophie,

---

[26] Le mot bouddha est à l'origine un nom commun (« le bouddha », « un bouddha ») (issu d'un participe passé sanskrit) signifiant « *éveillé* ». Il devient ensuite un nom propre (« Bouddha ») pour désigner le personnage historique Siddharta Gautama (qui n'est pas un dieu contrairement à ce que l'on a pu penser en Occident).

[27] Partant du constat qu'il n'est pas possible de vivre avec les oiseaux et les bêtes sauvages, et qu'il faut donc vivre en bonne société avec ses semblables, Confucius tisse un réseau de valeurs dont le but est l'harmonie des relations humaines. En son temps, la Chine était divisée en royaumes indépendants et belliqueux, les luttes pour l'hégémonie rendaient la situation instable et l'ancienne dynastie Zhou avait perdu le rôle unificateur et pacificateur que lui conférait le mandat du Ciel. Confucius voulait donc restaurer ce mandat du Ciel qui conférait le pouvoir et l'efficacité à l'empereur vertueux. Cependant, bien qu'il affirme ne rien inventer et se contenter de transmettre la sagesse ancienne, Confucius a interprété les anciennes institutions selon ses aspirations, il a semé les graines de ce que certains auteurs appellent l'« humanisme chinois ». Mettant l'homme au centre de ses préoccupations et refusant de parler des esprits ou de la mort, Confucius n'a pas fondé de religion au sens occidental du terme, même si un culte lui a été dédié par la suite. Cherchant à fonder une morale positive, structurée par les « rites » et vivifiée par la « sincérité », mettant l'accent sur l'étude et la rectitude, Confucius représente pour les Chinois d'avant la Révolution l'éducateur par excellence, mais la lecture attentive des Entretiens montre qu'il n'a pas voulu s'ériger en maître à penser, et qu'au contraire il voulait développer chez ses disciples l'esprit critique et la réflexion personnelle : « Je lève un coin du voile, si l'étudiant ne peut découvrir les trois autres, tant pis pour lui ».

Des rites, des pensées, des coutumes et des us
Allant jusqu'à la méditation pure[28].

La première musique du monde annotée, connue dans l'histoire
Est l'hymne hourrite numéro six à Nikkal.

Mais les océans et les premières chansons, point de départ
Des premières civilisations orientales et occidentales,
Ont bien vite étaient oubliés dans l'acception d'un monde ordinaire.
La célébration de la nature et des arts cédant la place à un monde vulgaire.

---

[28] La méditation bouddhique, théorisée et pratiquée dans le bouddhisme, diffère de la méditation dans son acception occidentale. Son but est l'atteinte du nirvāṇa. Confucius passe pour avoir cherché durant treize années un souverain éclairé qui acceptât d'expérimenter son système politique, mais, parvenu au pouvoir et en ayant éprouvé l'inconsistance, Confucius serait rapidement revenu à la méditation et à l'enseignement. Ses préceptes – le respect des traditions, l'exigence de tolérance et d'humanisme – furent repris par tout un courant de pensée, le confucianisme, qui forma le cœur de l'idéologie politique, de l'idéal humaniste et du comportement quotidien dans la société chinoise.

Les moments

Il y a des instants qui fusionnent avec l'horizon,
Il y a des horizons qui fusionnent avec l'instant.
Il y a des moments de pardon
Et des moments qui ne sont que des flammes du temps.

J'ai posé dans ton regard
Toutes mes premières fois
Et j'ai alors connu la plus belle histoire :
Le jeu d'une fleur poussant sur le rocher étroit,
Le jeu d'un océan qui hésite entre la plage et l'horizon.
Le jeu délicat qui devient amour lorsque je prononce ton prénom.
Et tous ces moments s'amusent
Avec les rires des muses… ,
Alors c'est l'euphorie
Un moment de joie infini.

Puis vient la pluie,

Dans sa nacre fine et transparente
Mais surtout libre et mourante
En rivières
Dès qu'elle touche la terre.

C'est le moment insolite
Où des larmes violentes gravitent
Sur le visage du jeune enfant.
Combien d'instants ventés faudra-t'il arracher au temps
Pour que la pluie choisisse de mourir dans le calme et l'harmonie ?

L'instant verse des fleurs bleues sur le jardin interdit,
Alors je te tends les mains et je t'offre les bouquets du champion.

C'est un nom qui s'écrit mais ne se prononce pas.
Dans la tradition de l'Ancien Testament
YHWH n'est vocalisé que quelquefois,
Seul le grand prêtre pouvait le prononcer très respectueusement
Lorsqu'il pénétrait dans le saint des saints de Jérusalem[29].

Il est comparable au sachem.
En effet, les quatre lettres hébraïques
Désignant le nom de Dieu, d'un point de vue purement linguistique
Sont révélés à Moïse sont quatre consonnes YHWH
"Dieu répondit à Moïse : Je suis l'être invariable !"[i]

---

[29] Le Saint des saints est une partie du tabernacle et du Temple de Jérusalem, aussi dit *débir* (דביר).

Par le tétragramme Yod-Heh-Waw[30]

Imprononçable

Parce que l'on ignore comment le nom était vocalisé[31].

---

[30] Le tétragramme IHVH est représenté sous deux formes *Adonaï* et *Elohîms,* qui correspondent aux prononciations traditionnelles du nom divin en hébreu. Dans la Bible hébraïque, Dieu est désigné sous les trois noms de Él-qui peut prendre les formes de Eloha, Elohîms-, d'Adonaï et de IHVH, abrégé parfois en Yah ou Yahou. Él appartient au vocabulaire commun des peuples sémitiques. Sa signification reste controversée. On le fait pourtant dériver d'une racine qui veut dire « fort, puissant, antérieur à tout, celui vers qui on aspire et vers qui on se tourne, etc. ». Elohîms en est le pluriel et la forme la plus fréquemment employée. Ce mot peut désigner l'ensemble des divinités, mais il nomme le plus souvent, dans la Bible, le Dieu unique, et ce paradoxe mérite d'être souligné. Il peut aussi s'appliquer à des hommes influents, à des juges (par ex.: Ps, 58.2; 82.6 ; Jn, 34.35). Adonaï est aussi un pluriel, celui de Adôn, *Maître.* C'est sous ce nom que l'homme de la Bible invoque le plus souvent son Dieu. Les Septante l'ont correctement traduit par Kyrios, devenu « seigneur » en français. IHVH serait, d'après Ex, 3.13 à 15, le nom propre du Dieu d'Israël. Il est impossible de savoir comment ce nom a été prononcé à l'époque biblique. Depuis longtemps, il a été considéré comme ineffable et a été remplacé, dans la lecture publique par celui d'Adonaï. À une époque récente, on a risqué de le lire Yahvé ou Yahweh. Cette lecture s'est rapidement répandue sans être solidement fondée. Le nom imprononçable garde aussi le secret de sa signification : « Celui qui est, était, sera ou encore fait être ». Aux noms d'Él, d'Elohîms ou de IHVH - parfois accolés - , ont été joints, occasionnellement des qualificatifs tels que Shaddaï (Dieu des attitudes, ou Dieu de toute confiance, GN, 17.1 : « Abram étant âgé de quatre-vingt-dix-neuf ans, le Seigneur lui apparut et lui dit : Je suis le Dieu tout puissant ; conduis-toi à mon gré, sois irréprochable …».) 'Éliôn (Suprême, GN, 14.18 : « Meichisédec, roi de Salem, apporta du pain et du vin : il était prêtre du Dieu suprême ».) et surtout Sebaôts (des armées, ou milices, célestes ou terrestres). L'image évoque une totalité organisée, obéissant à un même chef. <u>Source :</u> André Chouraqui, traduction et présentation *La Bible*, Éd. Desclée de Brouwer, 2003, 2430 pages, p. 2415.
[31] Mais pas seulement.

La vocalisation a été gardée secrète et perdue,
Certains suggèrent qu'il n'y a jamais eu de vocalisation.
Prononcer ce nom, c'est comme voir la femme parfaite nue,
C'est comme commettre un interdit et ne pas répondre à la question.

Le livre de l'Écclésiastique dit du grand prêtre Simon :
"Alors il descendait et levait les mains,
Vers toute l'assemblée des enfants d'Israël, [tous les matins]
Pour donner à haute voix la bénédiction du Seigneur
Et avoir l'honneur
De prononcer son nom"[ii].

Le Grand prêtre ne prononçait généralement
Le nom de Dieu qu'à Yom Kippour,
Et seulement,
Ce jour.

Le temple de Jérusalem ayant été détruit[32],
Ce Nom n'est jamais prononcé par les juifs lors de rituels religieux
Ni lors de conversations privées : cela était interdit.
Dans la prière, le Tétragramme religieux
Est remplacé par "Adonaï" le Seigneur
Et dans la conversation courante par "Hashem" le nom.
Aussi, selon les heures
Diffère la prononciation.

---

[32] Par Titus, le 8 septembre 70.

Dans ta solitude, je perçois des vallées,
Et tous ces océans, toutes ces forêts
Qui portent ton nom
Et quelquefois aussi mon prénom.
Tu es clair comme le jour,
Bon et doux comme l'amour.

Et, …
Mystérieux comme la nuit.
Tes yeux sont le regard de tout ce que je veux que tu découvres, et
Majestueux, tu aimes la vie.

Et tout ce respect donne à ma bouche
L'envie de ta bouche,
Les mots que tu dis,
Les mots que je te dis….

Et nos paroles s'envolent
Dans un corps uni à toi
Dans ton corps uni à moi
Et la beauté s'envole…

Aux portes du ciel,
Au rêve d'être toujours belle
Pour toi…
Je te propose mes éclats

De lumière
Et de mystères.
Surtout enveloppe-moi de ta douceur
Et moi de tes parfums.
Afin que ces quelques heures
Deviennent des instants divins.

Qui brûlent dans la coupelle sacrée
De ta joie, de ta vie
Tous les encens pour cette nuit d'été
Et peut-être pour un repos promis.

Dans les bras de ma force
Qui ne sait qu'aimer.
Et la joie sera la force
Plus forte que les jours passés.

De toi à moi, je te livre mes mains
De toi à moi, je te livre les matins
Où tu viendras cadencé
Mon jardin fleuri par tes pensées.

Devient mon feu ardent
Et mon souffle chantant
Que mon corps apaise ton âme
Pour qu'à nouveau chevalier aime femme.

Et dans le premier matin, de notre prochain lit
Je serai là c'est promis…
Tout près de toi,
Pour toi.

Alors peut-être nous fleurirons ensemble de lumière
Alors peut-être franchirons nous les portes de la terre.

Je veux ta bouche comme un louange,
Je veux tes yeux doux comme un ange
Je te donnerai peut-être la clef du jardin qui rêve de t'aimer.
Comme un chant, une musique qui grandit
Mes soupirs musicaux chanteront le piano d'éternité
Et ce sera notre symphonie.

Le vent, la pluie, la neige, le froid ne briseront ce Soleil,
Ces soleils qui juste pour toi et moi font des merveilles.
Je suis heureuse d'être portée par ton amour
Et je te propose sans détour

Les vagues de mon courage, dans la baie de tes attentes
Je serai présente.
Le repos viendra,
Et je rêve de ce rêve
Que tu as posé en moi
Dont tu as posé en moi, la sève.

Il y aura toi et moi
Et de ce duo tremblant
Les étoiles offriront leur clarté
Les étoiles se coucheront sur toi et moi
Tremblant
Et clarté…

Le soleil se couchera
Dans l'écume de nos baisers
Et le temps sera
À nouveau prouesse d'éternité.
Et tes mains…
Dans ce matin
Surgissant d'une vallée à une autre.

Veux-tu voyager ?

Table des matières

Références bibliographiques

[i] Ex, 3.14
[ii] Qo, 50.20